AF405676

A
collection
of poems
about
childhood

Bas, Panch Minute

Reshma Bachwani
Anaahat Paritosh

Reshma's collection of poems will take you down the memory lane called childhood. Told from the mother's as well as the child's perspective, these poems have been inspired by day-to-day life and are very relatable for the reader. The poems reflect the innocence and pure joy that every child has experienced. Read these poems to relive the child in you!

Niyatee Sharma
Children's Author

This collection of childhood poems explores home and the world, through the eyes of a mother and her child. The poems embrace both vulnerability and strength. They talk about the small things but also break through the walls of the home to explore the expanse of life outside. The inquiringly composed poems like 'First Times' do leave a mark but there is also the occasional spark of surprise – 'Cupcakes', for instance, talks about freshly made cupcakes that rise in the air 'like hot air balloons' but also cleverly hints at how their littleness holds diverse possibilities. Raincoat has clever wordplay and cadence. From worlds without symmetries and books to terrace views and cake factories, from the whimsical to the sublime, you and your family will absolutely love the variety of poems in this collection.

Shweta Sharan
Journalist & Founder of Bangalore Schools

Reshma's poems — these songs of innocence and childhood — are elegant in their simplicity and yet poetic in their playfulness. They instantly evoke memories of one's own childhood and you read them with a sense of wistfulness for those happy times. Reading her poems made me keenly aware of the natural lyricism of the Hindi language which does not require the elaborate artistry that English does. These poems should be required reading in schools and homes so that we adults stop stealing childhood from our children and instead celebrate every magical moment of those precious years.

Nita Luthria Row
Director Adhyayan Quality Education Foundation

Every evening, at 7:30, my mother would appear on the balcony of our second-floor flat and call out to me, "Time to come home and study now." Interrupting a frantic game of lagori, dabba eye-spy, cricket or chain-cook, I'd shout out, five minutes, just five minutes more. These poems by Anaahat and Reshma took me back to that childhood moment with my mother. There is simplicity, innocence, exuberance and sunny energy the poems in this collection are imbued with. What makes them uniquely special is that they are the creation of a mother-daughter duo. Dive into them and emerge renewed.

Svati Chakravarty
Documentary filmmaker, director, producer, researcher, and writer based in Mumbai.

Dedicated to
children
everywhere who
renew this jaded
world with their
presence.

Content

Poems by Anaahat Paritosh

Author's note

Children live in a different world. Their sense of right and wrong, good and bad, or worthy and unworthy is very different from that of an adult. Many a time, we impose our thinking on children and 'adulterate' this world.

Bas, Panch Minute is a collection of poems which attempts to preserve the child's world. Some of these poems have emerged from my time observing children. While the others have been written by my daughter which captures life through a child's lens.

All it takes is Bas, Panch Minute to dip into this stream of childhood innocence and come out feeling refreshed.

Foreword

In the journey of life, there are only a few relationships as profound and enduring as the bond between a parent and child. It is a connection woven with love, understanding, and shared experiences, forming a bond that transcends time and space. Within the warmth of this remarkable connection, simple yet poignant emotions find their expression in the realm of poetry. In this enchanting collection Bas, Panch Minute we embark on a journey of tenderness, wisdom, and reflection. These verses illuminate the myriad facets of this extraordinary relationship, capturing the essence of the profound love, joy, and challenges that define the parent-child bond. With each turn of the page, we encounter the nuances of daily life, portrayed in heartfelt and accessible language. These simple poems serve as windows into the everyday moments that shape our lives. Through the gentle rhythm of words, these poems effortlessly navigate the intricacies of emotions, revealing the depth and beauty found within the connection of a parent and a child.

For instance,

Tum apne bachpan ki
Har khawish poori karna
Kyonki adhoora khwaab
Maayus ho kar rooth jata hain
Kyonki apne aap ko bhool kar
Insaan kuch nahin paata hai
Kyonki Bachpan poori zindagi mein
Sirf ek baar aata hai

Within these pages, we experience the nostalgia of childhood memories, their unbreakable support during times of uncertainty, and the transformative power of curiosity leading to a child's growth.

These poems capture the heart's language in its purest form from not just an adult, but also from a child's perspective. And despite the different outlooks, how beautifully they intertwine!

Yours is a world of limitations
Mine, where possibilities thrive
You talk of reasons
Within me, dreams stay alive
You create boundaries
I create rainbows and doves

As you embark on this poetic journey, may these verses inspire you to cherish the beautiful tapestry of your own parent-child relationship. May they serve as a reminder of the immense power of the profound love, empathy, and connection that is pronounced in this relationship.

My wishes for the poets in Reshma's own words:

Tum udna!
Pankh na hote hue bhi
Tum udna zoor
Apne khayalon ke
Udan khatole mein

May her thoughts, woven into words, bring you closer and set you free.

Chandrama Deshmukh
Author of "Moonlit Monochrome"
and "A Teaspoon Of Stars"

Section 1

*poems written
by
Reshma
Bachwani*

About
Reshma Bachwani

I am a researcher by profession and a poet and singer by passion. In the past 10 years 'education' has been the subject of most of my commissioned research. During this time, I have had the fortune of speaking to countless parents, teachers, children, and education experts across the country.

I owe each person who bore their soul to me with their most personal stories, but most of all I feel for children who despite the constraints and limitations that society places on them, are born with the strongest resolve to push forth their dreams and not get intimidated by this world full of towering adults.

Many a time, children take after their parents but in my case, I drew my inspiration from my six-year-old daughter, Anaahat who just started to write poems one fine day. Some of those were complete, while others needed a little refinement. As we worked together to refine some of her first poems, I encouraged her to continue writing small poems and worked with her. I enjoyed the process so much that I started writing poems of my own.

This is the second book Anaahat and I have created together. The first one called Ruhi finds her Princess: Follow Her Search is a children's picture book, written by me and illustrated by Anaahat.

Remembering childhood is such a feel-good factor. Hence, I chose 'Bachpan' as my theme. Writing poetry sometimes can feel like a specialist skill. I wanted to write accessible poetry that connects with our everyday life, in which language does not become a barrier, but the words just help us connect with the deepest feelings of the heart.

पांच मिनट और...

पांच मिनट और - बचपन की लाइफ के
फ़ेवरीट तीन शब्द
सुबह आँखें खुलती नहीं
कुछ और याद रहे न रहे
पर आधी नींद में यह ज़रूर याद रहता है –
पांच मिनट और...

स्कूल की बस गेट तक आ जाती है
बस का हॉर्न बगल वाली आंटी को भी सुनायी देता है
पर बिट्टो अपनी किताबी दुनिया में गायब है.
पांच मिनट और...

पहले स्कूल जाने में दिक्कत और
जब स्कूल से ले आने का समय होता है
तो प्लेग्राउंड में दूर से इशारा करते हुए,
पांच मिनट और...

शाम को घर से निकलने में भी
पांच मिनट और...
फिर घर लौट आने में भी
पांच मिनट और...
और तो और
पांच मिनट और के बाद भी
पांच मिनट और...
मेरे पांच मिनट पूरे हो गए तो
राहुल के हिस्से के पांच मिनट और

अरे गरम पानी ख़त्म हो जायेगा
बाहर निकलो बाथरूम से
जवाब आप जान ही गए होंगे
पांच मिनट और...

Panch minute aur...

Paanch minute aur - bachpan ki life ke
favourite teen shabd
Subah, aankhein khulti nahin
kuch aur yaad rahe na rahe
par aadhi neend mein yeh zaroor yaad rehta hai –
Panch minute aur...

School ki bus gate tak aa jaati hai
bus ka horn bagal wali aunty ko bhi sunayee deta hai
par bitto apni kitabi duniya mein gaayab hai
Panch minute aur...

Pehle school jaane mein dikkat aur
jab school se le aane ka samay hota hai
toh playground mein door se ishaaraa karte hue,
Panch minute aur...

Shaam ko ghar se nikalne mein bhi
Panch minute aur...
Phir gar lautne mein bhi
Panch minute aur...
Aur toh aur
Paanch minute aur ke baad bhi
paanch minute aur...
Mere paanch minute poore ho gaye toh
Rahul ke hisse ke paanch minute aur.

Aare, garam paani khatam ho jayega
baahar niklo bathroom se
Jawab aap jaan hi gaye honge
Paanch minute aur...

Khana mez par lag gaya hai
sab intezaar kar rahein hain
Magar jab tak paanch minute aur na milein
tab tak baat hazam nahin hogi

खाना मेज पर लग गया है
सब इंतज़ार कर रहे हैं
मगर जब तक पांच मिनट और ना मिले
तब तक बात हजम नहीं होगी

परीक्षा का समय ख़त्म हो जाता है
शिक्षक परीक्षा पेपर के एक कोने को,
कस के पकड़ कर, खड़ा है
लेकिन बच्चा लिखे जा रहा है
फिर टीचर की तरफ देखें
आधा - डर - आधी - मुस्कुराहट
सर, प्लीज, बस पांच मिनट और

पांच मिनट में ऐसा क्या खास होता है?
पांच मिनट की मांग इतनी छोटी होती है
कोई मना नहीं कर पाता
पर बच्चों के लिए ये पांच मिनट
उनकी दुनिया से निकल कर हमारी दुनिया तक का
लम्बा सफर तय करने के लिए
शायद ज़रूरी होते हैं।

Exam ka time khatam ho jata hai
Teacher exam paper ke ek kone ko, kus ke
pakad kar, khada hai
Lekin bachha likhe jaa raha hai
Phir teacher ki taraf dekhke
Adha darr aadhi muskurahat
Sir, please, bas panch minute aur...

Paanch minute mein aisa kya khaas hota hai?
Panch minute ki maang itni choti hoti hai
ki koi mana nahin kar pata
Par bachhon ke liye yeh paanch minute
Unki duniya se nikal kar humari duniya tak ka
lamba safar tai karne ke liye
shayad zaroori hotein hain.

बचपन वाला बचपन

किताबों वाला बचपन
सीतारों वाला बचपन

तितलियों वाला बचपन
त्यौहारों वाला बचपन

गरमियों की छुट्टी की
मस्तीयों वाला बचपन

बेवक्त की बारिश के
फुव्वारों वाला बचपन

दोस्तो वाला बचपन
शैतानियों वाला बचपन

झूलों वाला बचपन
गुब्बारों वाला बचपन

मिट्टी के ढेर के
पहाड़ों वाला बचपन

बेफिक्री वाला बचपन
कहानी वाला बचपन

Bachpan wala bachpan

Kitaabon wala bachpan
Sitaaron wala bachpan

Titliyon wala bachpan
Tyoharon wala bachpan

Garimyon ki chutti ki
Mastiyon wala bachpan

Bewaqt ki baarish ke
Phuwaron wala bachpan

Dotson wala bachpan
Shaitaniyon wala bachpan

Jhoolon wala bachpan
Gubbaron wala bachpan

Mitti ke dher ke
pahaadon wala bachpan

Befikri wala bachpan
Kahaaniyon wala bachpan

Na padhai ka bojh
Na exam ka tension

Mummy ki saree aur lipstick
pehen ke kar lete fashion

Apni hi dhun
Gungunane wala bachpan

Aasmaan mein udne ke
sapno wala bachpan

ना पढाई का बोझ
ना इग्जाम का टेंशन

मम्मी की साड़ी और लिपस्टिक
पहन के कर लेते फैशन

अपनी ही धुन
गुनगुनाने वाला बचपन

आसमान में उड़ने के
सपनों वाला बचपन

वो सीधा सा बचपन
वो प्यारा सा बचपन

कहीं खो गया है
शायद सो गया है

कोई ढूंढ के ला दे
वो 'बचपन' वाला बचपन

Woh seedha sa bachpan
Woh pyaara sa bachpan

Kahin kho gaya hai
Shayad so gaya hai

Koi dhoondh ke laa de
woh 'bachpan' wala bachpan

बेखबरी

जिंदगी के पहले पन्द्रह साल
इसे गंवाने में गुजारते हैं।

और बाकी जिंदगी
इसकी तलाश में गंवा देते हैं।

Bekhabri

Zindagi ke pehle pandhraah saal
Ise ganwane mein guzar jatein hain.

Aur baaki zindagi
iski talaash mein ganwa detein hain.

होली

होली के कई रंग
गुलाल, गुझिया
पिचकारी और अपनापन

होली के कई रंग
उत्साह, उमंग
बेफिक्री और बचपन

होली के कई रंग
गुलाल, गुझिया
पिचकारी और अपनापन

Holi

Holi ke kai rang
gulaal, ghujia
pichkari aur apnapan

Holi ke kai rang
utsaah, umang
befikri aur bachpan

बचपना छोड़ो

अपने आप खाना खाओ
अपना काम खुद करो
ज़्यादा न खेलो
पढ़ लो, कविता का पाठ करो
या फिर गिनती ही याद करो

कुछ नया सीखो
कुछ अनोखा बनाओ
वक़्त बहुत कीमती है
इसे न करो ख़राब, ना गँवाओ

खाली क्यों बैठे हो?
आओ खेलते हैं हम साथ साथ
मगर छुपते छुपते दूर मत निकल जाना
यहीं पर रहना मेरी निगरानी में, मेरे आस-पास

बाहर मत जाओ,
बाहर दुनिया अच्छी नहीं
दोस्तों से ना मिलो,
दोस्तों की संगत सच्ची नहीं

घर में ही खेलो,
घर में ही कर लो मस्ती
मगर थोड़ी सी, हाँ...
अति किसी चीज़ की भी नहीं, अच्छी

जिम्मेदार बनो,
जवाबदार बनो
कामियाबी हर किसी को नहीं मिलती,
सब से हटके कुछ खास करो

Bachpana chodo

Apne aap khana khao
apne kaam khud karo
Zyada na khelo
padh lo, kavita ka paath karo
yaan phir ginti hi yaad karo

Kuch naya seekho
Kuch anokha banao
Waqt bohot keemti hai
ise na karo kharaab, na ganwao

Khaali kyon baithe ho?
Aao kheltein hain hum saath saath
Magar chupte chupte door mat nikal jaana
yahin par rehna meri nigrahnee mein, mere aas paas

Baahar mat jao,
baahar duniya achhi nahin
Doston se na milo,
doston ki sangat sachhi nahin

Ghar mein hi khelo,
ghar mein hi kar lo masti
magar thodi si, haan...
ati kisi cheez ki bhi nahin, achhi

Zimmedaar bano,
Javaabdaar bano
Kamyaabi har kisi ko nahin milti,
sab se hatke kuch khaas karo
Zindagi mein kuch paana hai?
sab ko karke kuch dikhana hai?
Toh yeh befikri kis kaam ki?
Bachpana chodo,
Apne waqt ka lihaaz karo

जिंदगी में कुछ पाना है?
सब को करके कुछ दिखाना है?
तो ये बेफिक्री किस काम की?
बचपना छोड़ो,
अपने वक्त का लिहाज़ करो

आज कल टेक्नोलॉजी का युग है।
जमाना तेजी से बढ़ रहा है।
मगर शायद इस दौड़ और जल्दी में,
बच्चों का बचपन
कहीं खो रहा है
वक्त के पहले ही
कुछ खत्म सा हो रहा है

Aaj kal technology ka yug hai.
Zamaana tezi se badh raha hai.
Magar shyaad is daud aur jaldee mein,
bachhon ka bachpan
kahin kho raha hai
Waqt ke pehle hi
kuch khatam sa ho raha hai

जब स्कूल में मम्मा याद आये

चलो बांट लें,
इस बादल के
दो हिस्से कर लें।
ये, ले जाओ तुम
अपने साथ
और वो, छोटा वाला
रहने दो मेरे पास
फिर जब कभी
आए मेरी याद,
तुम वहां अपनी
मुट्ठी खोल देना।
और मैं यहां अपनी डोर,
रिहा कर दूँगी
फिर मुलाकात होगी कहीं
किसी नए आसमान पर

Jab school mein Mumma yaad aaye

Chalo baant lein,
is baadal ke
do hisse kar lein.
Yeh, le jao tum
apne saath
Aur woh, chota wala
rehne do mere paas
Phir jab kabhi
aaye meri yaad,
Tum wahan apni
mutthi khol dena.
Aur main yahan apni
dor riha kar loongi
Phir mulaqaat hogi kahin
Kisi naye aasmaan par.

क्या जरूरी है?

बड़े होने का सफर

दौड़ते रहना ज़रूरी है क्या?
ख़ुशी की कोई वजह होना ज़रूरी है क्या?
काम से जी चुराना जरूरी है क्या?
खाली बैठने से कतराना जरूरी है क्या?
वास्तविकता जरूरी है क्या?

बुरी बातों को मन में दोहराना जरूरी है क्या?
सपनों को नाप कर छोटा करना जरूरी है क्या?
खौफ को दिल में पनाह देना जरूरी है क्या?
जो कभी ना खत्म होने वाली 'टू-डू' लिस्ट बनी है -
उसमें एक और एंट्री करना जरूरी है क्या?

अनजान लोगों की तरफ देख के ना मुस्कुराना
ज़रूरी है क्या?
रिश्ते पालना जरूरी है क्या?
बहस में जीत जाना जरूरी है क्या?
अपनी बात हमेशा मनवाना जरूरी है क्या?
हर सवाल का जवाब देना जरूरी है क्या?
हर ख्वाब से अपने आप को जगाना जरूरी है क्या?

अख़बार में बुरी ख़बरें पढ़ना ज़रूरी है क्या?
केमिस्ट्री के फॉर्मूले याद रखना जरूरी है क्या?
हर प्रतियोगिता में हिस्सा लेना जरूरी है क्या?
हर मुश्किल के हाल को ढूंढने में,
लॉजिक लगाना जरूरी है क्या?

हर वक्त दिमाग से सोचना जरूरी है क्या?
दिल, मन, रूह को भूल जाना ज़रूरी है क्या?
बड़ा होना जरूरी है क्या?

Kya zaroori hai?

The journey to becoming an adult

Daudte rehna zaroori hai kya?
Khushi ki koi wajah hona zaroori hai kya?
Kaam se jee churana zaroori hai kya?
Khali baithne se katrana zaroori hai kya?
Vaastavikta zaroori hai kya?

Buri baaton ko mann mein dohraana zaroori hai kya?
Sapnon ko naap kar chota karna zaroori hai kya?
Khauf ko dil mein panah dena zaroori hai kya?
Jo kabhi na khatam hone wali 'To-do' list bani hai –
usmein ek aur entry karna zaroori hai kya?

Anjaan logon ki taraf dekh ke na muskuraana
zaroori hai kya?
Rishte paalna zaroori hai kya?
Argument mein jeet jaana zaroori hai kya?
Apni baat humesha manvana zaroori hai kya?
Har sawal ka jawaab dena zaroori hai kya?
Har khwaab se apne aap ko jagaana zaroori hai kya?

Akhbaar mein buri khabrein padhna zaroori hai kya?
Chemistry ke formulae yaad rakhna zaroori hai kya?
Har competition mein hissa lena zaroori hai kya?
Har mushkil ke hal ko dhoondne mein,
logic lagana zaroori hai kya?

Har waqt dimaag se socha zaroori hai kya?
Dil, mann, rooh ko bhool jana zaroori hai kya?
Bada hona zaroori hai kya?

मैं जीना चाहता हूं

मैं जीवन को तुम्हारे अनुभव से नहीं
अपनी नज़र से देखना चाहता हूँ

मैं हर चीज़ को छूना चाहता हूँ,
अपनी उंगलियों में मसल कर
मजा लेना चाहता हूं,
चाहे वो मिट्टी हो या मटर के दाने
अपने हाथों से इस दुनिया को समझना चाहता हूँ

मैं जीवन को तुम्हारे अनुभव से नहीं
अपनी नज़र से देखना चाहता हूँ

मैं तेज़ दौड़ना चाहता हूँ,
दौड़ते-दौड़ते गिरना चाहता हूँ,
गिरते-गिरते खुद संभलना चाहता हूं।

मैं जीवन को तुम्हारे अनुभव से नहीं
अपनी नज़र से देखना चाहता हूँ

मैं सीखना चाहता हूं
किताबे पढ़कर और कॉपी में लिखकर ही नहीं
देखकर, सुनकर, गाकर, बोलकर, सवाल पूछकर
मैं चीज़ों को खोलकर देखना चाहता हूँ,
की मोटर गाड़ी के पहिये कैसे घूमते हैं
और फ्रिज में ठंडी हवा कहाँ से आती है

मैं जीवन को तुम्हारे अनुभव से नहीं
अपनी नज़र से देखना चाहता हूँ

Main jeena chahta hoon

Main jeevan ko tumhare anubhav se nahin
apni nazar se dekhna chahta hoon

Main har cheez ko chuna chahta hoon,
apni ungliyon mein masal kar
mazaa lena chahta hoon,
chahe woh mitti ho yaan matar ke daane
Apne haathon se is duniya ko samajhna chahta hoon

Main jeevan ko tumhare anubhav se nahin
Apni nazar se dekhna chahta hoon

Main tez daudna chahta hoon,
Daudte daute girna chahta hoon,
Girte girte khud sambhalna chahta hoon.

Main Jeevan ko tumhare anubhav se nahin
Apni nazar se dekhna chahta hoon

Main seekhna chahta hoon
kitaabein padhkar aur copy mein likhkar hi nahin
Dekhkar, sunkar, gaakar, bolkar, sawaal poochkar
Main cheezon ko kholkar dekhna chahta hoon,
Ki motor ke pahiye kaise ghoomte hain
Aur fridge mein thandi hawa kahan se aati hai

Main jeevan ko tumhare anubhav se nahin
apni nazar se dekhna chahta hoon

मैं बड़ा आदमी बनाना चाहता हूं,
बड़ो की नकल करके नहीं,
बड़े सपने देख कर
अपनी उम्र से बड़ी बातें कर के
अपने पैरों से बड़े जूते पहन के
खुद की पहचान बनकर
खुद की सोच बनकर

मैं जीवन को तुम्हारे अनुभव से नहीं
अपनी नज़र से देखना चाहता हूँ

मैं जीना चाहता हूं

Main bada aadmi banana chahta hoon,
badon ki nakal karke nahin,
Bade sapne dekh kar
Apni umr se badi baatein kar ke
Apne pair se bade joote pehenkar
Khud ki pehchaan banakar
Khud ki soch banakar

Main Jeevan ko tumhare anubhav se nahin
apni nazar se dekhna chahta hoon

Main jeena chahta hoon

बचपन की उम्र

बचपन की उम्र कितनी होती है?

उस पल तक जब हम
दौड़ने से पहले सोचें
दौड़ना ज़रूरी है क्या?

उस पल तक जब सब कुछ
एक काम बन कर रह जायेगा

जब छोटी चीज़ों से
बड़ी खुशियाँ मिलना बंद हो जाए

जब जमा किये हुए सिक्कों से दुनिया खरीदने के सपने
धुंधले हो जाएं

जब हम दुनिया को सही और अपने आप को गलत मानने
में कामयाब हो जायें

जब फेसबुक पर 500 दोस्त होने के बावजूद
किसी का दरवाजा खटखटाने पर हम हिचकिचाएं

जब ना हमारे पास खुल कर हसने का वक़्त हो,
और ना जी भर के रो पायें
पर लड़ने और शिकायत के लिए अपना आप वक्त बन
जाये

जब खास कपडे पहनने के लिए
हम खास मौके ढूंढते रह जाएं
और जिंदगी के हर दिन की खासियत
हम भूल जाएं

Bachpan ki umr

Bachpan ki umr kitni hoti hai?

Us pal tak jab hum
daudne se pehle sochnein
ki daudna zaroori hai kya?

Us pal tak jab sab kuch
ek kaam ban kar reh jaye

Jab choti cheezon se
badi khushiyan milna band ho jaye

Jab jama kiye hue sikkon se duniya khareedne ke
sapne dhundle ho jayein

Jab hum duniya ko sahi aur apne aap ko galat
maanane mein kamyaab ho jayein

Jab FaceBook par 500 dost hone ke bawajoot
kisi ka darwaza khatkhatne par hum hichkichayein

Jab na humare paas khul kar hasne ka waqt ho,
aur na ji bhar ke ro payein

Par ladne aur shikayat ke liye apne aap waqt ban jaye

Jab khaas kapde pehene ke liye
hum khaas mauke dhoondhte reh jayein
Aur zindagi ke har din ki khaasiyat hum bhool jayein

जब बारिश और तेज़ हवा में घर
से निकलने में मन घबराए
और कागज़ की कश्ती चलाने का
या फिर हवाई जहाज उड़ाने की
खुशी हम ना महसूस कर पाएं

बस इतनी सी ही उमर होती है बचपन की
हाँ कुछ लोग बचपन को उम्र भर बरक़रार रखते हैं

Jab baarish aur tez hawa mein ghar
se nikalne mein mann ghabrae
Aur kagaz ki kashti chalane ka
yaan aeroplane udane ki
khushi hum na mehsoos kar payein

Bas itni si hi umr hoti hai bachpan ki
Haan, kuch log bachpan ko umr bhar barkaar
rakhtein hain

गुड़िया

गुड़िया और ऐसे कई शब्द
हमारे नाम बन जाते
कभी घर वाले हमें
चिड़िया, कभी चिरैया
कभी चुहिया और
कभी रुहिया बुलाते

हर महींने ये घर के नाम
बदलते रहते
इनकी गिनती होती तो शायद
हमारी उम्र को भी पार कर जाते

अजीब है,
घर वाले हमें
कुछ भी कहके पुकारें,
वो शब्द हमारे लिए अपने हो जाते

घर के पास किसी को
हमारा असली नाम पता ही नहीं होता
गुड्डु, छोटू, बंटी, निमकी
यही सब हमारी पहचान बन जाते हैं
जन्मदिन का केक हो या,
 प्रतियोगिता का प्रमाण पत्र,
उन सब पर भी यही नाम नज़र आते

फिर कब ये नाम
सब की जुबान से उतर गये,
कब ये नाम हमारी पहचान
होते-होते मुकर गए,
पता ही नहीं चला

एक समय ऐसा भी आया था
जब ऐसे नाम से जब कोई पुकारता
तो गुस्सा आता जाता
अब यही सब को सुनने के लिए
है दिल तरस जात

Gudia

Gudia aur aise kai shabd
humare naam ban jaate
Kabhi ghar wale hamein
chidiya, kabhi chiraiya
kabhi chuhiya aur
kabhi ruhiya bulate

Har mahine yeh ghar ke naam
badalte rehte
Inki ginti hoti toh shayad
humari umr ko bhi paar kar jaate

Ajeeb hai,
ghar wale humein
Kuch bhi kehke pukarein,
woh shabd humare liye apne ho jate

Ghar ke paas kisi ko
humara asli naam pata hi nahin hota
Guddu, Chotu, Bunty, Nimki
yehi sab humari pehchaan ban jaate
Birthday ka cake ho yaan,
community mein competition ka certificate,
Un sab pe bhi yehi naam nazar aate

Phir kab yeh naam
sab ki zubaan se utar gaye,
kab yeh naam humari pehchaan
hote hote mukar gaye,
pata hi nahi chala

Ek samay aisa bhi aaaya tha
jab aise naam se jab koi pukaarta
toh gussa aata jaata
Ab yehi sab ko sunane ke liye
Hai dil taras jata

बचपन वाली दिवाली

बचपन वाली दिवाली की
शुरूआत होती थी जब
पड़ोस वाली आंटी
अपने घर के आंगन में
रंगोली बनाती,
और मुझे बुलाती
आओ, इसमें तुम भी कुछ रंग भर दो
उनकी बड़ी सी सुंदर रंगोली में
मेरे छोटे हाथ जब
रंग भर देते तो लगता
की मैंने भी
कुछ खास कर दिया
वो खास करने का एहसास
ही मेरे लिए दिवाली थी

बचपन वाली दिवाली की
शुरूआत होती जब
माँ ऑफिस से छुट्टी लेती,
और मैं उनके साथ
रसोई में खड़े देखती,
कि कैसे उनकी बनाई हुई
मिठाइयों से बड़े-बड़े डिब्बे भर जाते
और शाम को
हम थाली में उन मिठाइयों को सजाकर
अपने दोस्तों को दे आते
उनका छुट्टी लेना और
मेरा उनके साथ पूरा दिन रहना ही
मेरे लिए दिवाली थी

बचपन वाली दिवाली की
शुरूआत होती जब
बिस्तर पर माँ वो

Bachpan wali Diwali

Bachpan wali Diwali ki
shuruat hoti thi jab
pados wali aunty
apne ghar ke aangan mein
rangoli banati,
aur mujhe bulati
Aao, ismein tum bhi kuch rang bhar do
Unki badi si sundar rangoli mein
mere chote haath jab
rang bhar dete toh lagta
ki maine bhi
kuch khaas kar diya
Woh khaas karne ka ehsaas
hi mere liye diwali thi

Bachpan wali diwali ki
Shuruat hoti thi jab
Ma office se chutti leti,
aur main unke saath
rasoi mein khade dekhti,
ki kaise unki banayee hui
mithaiyon se bade bade dibbe bhar jate
Aur shayaam ko
Hum thaali mein un mithaiyon ko sajakar
Apne doston ko de aate
Unka chutti lena aur
Mera unke saath poora din rehna hi
mere liye diwali thi

दिवाली वाली चादर बिछाती
जो साल में एक बार लॉफ्ट से
नीचे धरती पर आती
हमारे नये कपड़ों के साथ
घर की खिड़कियों को और तकियों को
भी नये परदे और गिलाफ मिल जाते
घर का हर कोना नया चमकीला बन जाता
वो नई चमक ही
मेरे लिए दिवाली थी

घर में उस दिन
सारी बत्तियां जलाई जातीं
बालकनी के ग्रिल के बीच में
मोमबत्तियां लगाई जातीं
रात होते होते
मोमबत्तियाँ मोम का ढेर बन जातीं
अगले दिन उस ढेर को मैं
अपने उंगलियों से खुरेद कर
मोम के टुकड़े जमा करके
अपने पास सहेज के रखती
उन टुकड़ों में अपना खजाना
ढूंढ़ना ही मेरे लिए दिवाली थी

Bachpan wali Diwali ki
shuruat hoti thi jab
bistar par Ma woh
Diwali-wali chaddar bichhati
Jo saal mein ek baar loft se
neeche dharti par aati
humare naye kapadon ke saath
ghar ki khidkiyon ko aur takiyon ko
bhi naye parde aur gilaaf mil jaate
Ghar ka har kona naya chamkila ban jata
Woh nayi chamak hi
Mere liye diwali thi

Ghar mein us din
saari battiyaan jalai jaateen
Balcony ke grill ke beech mein
mombattiyaan lagai jaateen
Raat hote hote
mombattiyaan mom ka dher ban jateen
Agle din us dher ko main
Apne ungliyon se khuredke
mom ke tukde jama karke
apne paas sahej ke rakhti
Un tukdon mein apna khazana
dhoondhna hi meri liye diwali thi

खेल खेल में

खेल-खेल में क्या कुछ हो जाता है,
खेल-खेल में हमेशा कुछ नया उभर के आता है।

खेल और काम अलग नहीं है,
खेल-खेल में मुश्किल काम आसान हो जाता है।

खेल ही जीवन है, जीवन भी एक खेल है,
खेलते-खेलते बच्चा इंसान बन जाता है।

खेल हम सबको जोड़े रखता है।
खेल-खेल में आदमी हर गम भूल जाता है।

खेल में है खुशहाली, खेल में है अपनापन,
खेल हमें आसानी से सक्षम बनाता है।

खेल-खेल में वक्त गायब हो जाता है,
खेल-खेल में लंबा सफर चुटकियों में कट जाता है।

बच्चों के साथ खेलो और उन्हें खेलने दो,
खेलने से फिर मनुष्य, तू क्यों अपना, जी चुराता है।

Khel khel mein

Khel khel mein kya kuch ho jata hai,
khel khel mein humesha kuch naya ubhar ke aa hai.

Khel aur kaam alagh nahin hai,
khel khel mein mushkil kaam asaan ho jata hai.

Khel hi jeevan hai, jeevan bhi ek khel hai,
khelte khelte bachha insaan ban jata hai.

Khel hum sabko jode rakhta hai.
Khel khel mein aadmi har gum bhool jata hai.

Khel mein khushali hai, khel mein hai apnapan,
khel humein aasani se saksham ban jata hai.

Khel khel mein waqt gayab ho jata hai,
khel khel mein lamba safar chutkiyon mein kat jata hai.

Bachhon ke saath khelo aur unhein khelne do,
khelne se phir manushya, tu kyon apna, ji churata hai.

बचपन क्या है?

बचपन क्या एक देश है
जहां सरहदें नहीं होतीं?

बचपन क्या एक दुनिया है
जहां दिक्कतें नहीं होतीं?

बचपन क्या एक दौर है
जिसमें हर वक्त मौज मस्ती होती है?

या वो दौर है,
जिसे हम सब गुज़र चुके हैं, फिर भी, इस दौर की समझ
नहीं होती।

बचपन क्या एक जस्बा है
जो कभी ख़त्म नहीं होता?

यार फिर एक एहसास है
जो हमें जिंदा रखता?

बचपन क्या गीली मिट्टी है?
जिसको मन चाहे सांचे में ढाला जा सकता है?

या एक उड़ती हुई पतंग है
जिसको जब मन चाहे आसमान से उतारा जा सकता है?

Bachpan kya hai

Bachpan kya ek desh hai
jahaan sarhadein nahin hoti?

Bachpan kya ek duniya hai
jahaan dikkatein nahin hoti?

Bachpan kya ek daur hai
jismein har waqt mauj masti hoti hai?

Yaan woh daur hai,
jisse hum sab guzar chuke hain, phir bhi,
is daur ki samajh nahin hoti.

Bachpan kya ek jasba hai
jo kabhi khatam nahin hota?

Yaan phir ek ehsaas hai
jo humein zinda rakhta?

Bachpan geeli mitti hai kya
jisko mann chahe sanche mein dhala ja sakta hai?

Yaan ek udti hui patang hai
jisko jab chahe aasmaan se utaara ja sakta hai?

बचपन क्या एक कोरा कागज है
जिस पर हम अपनी कहानी लिखते हैं?

या फिर एक टाइम मशीन है
जिस में झाँक कर हम
भविष्य को देखते हैं?

बचपन क्या एक इंद्रधनुष है
सतरंगी और निराला?

या है कोई पहेली
जिसका हल ना किसी ने निकाला?

बचपन क्या है आख़िर
क्या तुमने ये सोचा है कभी?

Bachpan kya ek kora kaagaaz hai
jis par hum apni kahani likhtein hain?

Yaan phir ek time machine hai
jismein jhaank kar hum
bhavishya ko dekhtein hain?

Bachpan kya ek indradhanush hai
satrangi aur nirala?

Yaan hai koi paheli
jiska hal na kisi ne nikaala?

Bachpan kya hai aakhir
kya tumne yeh socha hai kabhi?

जब हम छोटे थे

याद है,
जब हम छोटे थे?
अगर कोई बात अच्छी नहीं लगती,
तो ज़ोर से चिल्लाके
अपनी नापसंद का एहसास
सब को दिला देते थे

जब हम छोटे थे,
तब हर वक्त सिर्फ एक ही बात
सर पर सवार रहती...
कि मन मौज में कैसे रहे?
खेलना, टीवी देखना, या फिर
बाहर यूं ही दौड़ना भटकना

जब हम छोटे थे
तब अखबार के हवाई जहाज
उडाकर कल्पना करते हैं
हम पायलट बन गए हैं
या फिर लिपस्टिक लगा कर,
बैग उठाकर चल देते
कोई जरुरी काम पर
पापा का चश्मा पहन के,
अख़बार पढ़ने की कोशिश करते,
चाहे वो उल्टा ही क्यों ना हो!

जब हम छोटे थे,
तब फूल, पत्तियाँ
और चॉकलेट रैपर
इक्कठा करके मान लेते
कि हमारे पास खजाना है

Jab hum chote the

Yaad hai,
jab hum chote the?
Agar koi baat achhi nahin lagti,
toh zor se chillake
apni napasand ka ehsaas
sab ko dila dete the

Jab hum chote the,
tab har waqt sirf ek hi baat
sar par sawaar rehti...
ki mann mauj mein kaise rahe?
Khelna, tv dekhna, yaan phir
bahar yoon hi daudna bhatakna

Jab hum chote the,
tab newspaper ke aeroplane
udaakar kalpna karte ki
hum pilot ban gaye hain
Yaan phir lipstick laga kar,
bag uthaakar chal dete
koi zaroori kaam par
Papa ka chashma pehenke,
akhbaar padhne ki koshsih karte,
chahe woh ulta hi kyon na ho!

जब हम छोटे थे तब,
कभी कोई अंकल आंटी
दस रुपया पकड़ा देते तो
सँभाल के गुल्लक में रख देते
गुल्लक में सिक्कों की खन खन सुनके
सपने देखते कि हमारे पास कितने
पैसे हैं और इनसे क्या कुछ
लिया जा सकता है

फिर पता नहीं कब और कैसे
हमने अपनी ना-खुशी ज़ाहिर करना
बंद कर दिया
आवाज़ धीमी कर ली
मन के मौज का हिसाब
रुपए पैसे से लगाया
चीज़ों और लोगों में
खुशी ढूँढ़ने लगे
हमारे खुद के सपने हमें
झूठे लगने लगे
हम ये मानने लगे कि खजाना
दूसरों के पास होता है,
की पैसे हमेशा
जरुरत से कम ही होते हैं।
अजीब बात है - कि इस सब को
'बड़ा होना' कहते हैं

Jab hum chote the,
tab phool, pattiyaan
aur chocolate wrapper
ikkatha karke maan lete
ki humare paas khazana hai

Jab hum chote the tab,
kabhi koi uncle aunty
dus rupayee pakadaa dete toh
sambhaal ke gullak mein rakh dete
Gullak mein sikkon ki 'khan-khan' sunke
sapne dekhte ki humare paas kitne
paise hain aur inse kya kuch
liya ja sakta hai

Phir pata nahin kab aur kaise
humne apni na-khushi zaahir karna
band kar diya
Awaaz dheemi kar li
Mann ke mauj ka hisaab
rupaye paise se lagaya
Cheezon aur logon mein
khushi dhoondhne lage
Humare khud ke sapne humein
Joothe lagne lage
Hum yeh maane lage ki khazana
doosron ke pass hota hai,
ki paise humesha
zaroorat se kum hi hotein hain.
Ajeeb baat hai – ki iss sab ko
'Bada hona' kehtein hain.

मैं और तुम

फादर्स डे के लिए एक कविता

तुम मेरे हॉब्स
मैं तुम्हारी कैल्विन
तुम्हारा मन आइस क्रीम की तरह
शीतल-शांत
और मेरे मन में भरी आग
जो तुम्हारे दिल को छूते ही, पिघलादे
तुम मेरी स्थिरता
और मैं तुम्हारा पागलपन
तुम मेरी ठण्डी शाम
मैं तुम्हारी तेज़ चुनचुनाती धुप
तुम मेरे विशाल बरगद
मैं तुम्हारी चंचल तितली
तुम मेरी गंभीरता
मैं तुम्हारी हंसी
तुम मेरे ब्लैक
मैं तुम्हारी पिंक
तुम मेरे कोक स्टूडियो
और मैं शास्त्रीय संगीत
तुम मेरी शांति
मैं तुम्हारी हलचल
साथ साथ रहते रहते
मैं कुछ तुम्हारी तरह हो जाऊँगी
और तुम कुछ मेरी तरह।

Main aur tum

Written on father's day

Tum mere Hobbes
Main tumhari Calvin
Tumhara mann ice cream ki tarah
sheetal-shaant
Aur mere mann mein bhari aag
jo tumhare dil ko choote hi pighlade
Tum meri sthirta
Aur main tumhara pagalpan
Tum meri thandi shyaam
Main tumhari tez chunchunati dhoop
Tum mere vishaal bargad
Main tumhari chanchal titli
Tum meri gambhirta
Main tumhari hansi
Tum mere black
Main tumhari pink
Tum mere coke studio
Aur main shashtriya sangeet
Tum meri shanti
Main tumhari hulchal
Saath saath rehte rehte
Main kuch tumhari tarah ho jaongi
Aur tum kuch meri tarah.

पंछी

तुम इतनी मेहनत से तस्वीरों में रंग भरके इन्हें ज़िंदा
करती हो;
पूरे होते ही ये सब कहाँ उड़ जाते हैं?

Panchi

Tum itni mehnat se tasveeron mein rang bharke inhe
zinda karti ho;
Poore hote hi yeh sab kahan udd jaatein hain?

झूला

झूले पर बैठते ही
विचार बुलबुले बनके उड़ने लगते हैं
और मन हल्का हो जाता है
शायद ग्रेविटी न होने का असर है।

Jhoola

Jhoole par baithte hi
vichaar bulbule banke udne lagtejn hain
aur mann halka ho jata hai
Shayad gravity na hone ka asar hai

स्कूल का दौर

अब घर में सामान
कुछ कम फैलता है
अब घर में अक्सर
सन्नाटा सा रहता है।

सुबह सुबह, थकी आंखें कहती हैं
पांच मिनट और सोना है
शाम ढले, दौड़ते दौड़ते पैर रुक जातें हैं
मगर मन कहता है
दोस्तों के साथ कुछ देर और रहना है।

अब रोज़ दोपहर नए किस्से
सुनायी देते हैं
आज क्लास में बहुत शोर हुआ
और टीचर का सर दर्द ज़ोर हुआ
राहुल ने मीरा पर पानी गिराया,
मोहन ने लंच ब्रेक में सब को
चुटकुला सुनाया।

घर आते ही टिफ़िन बॉक्स का इंस्पेक्शन होता है,
लंच में अगले दिन कितना और क्या देना है
इस पर रोज़ श्याम भारी नेगोसिएशन होता है।
दिया तो रोज़ बिस्कुट लाती है
झट से खाके खेलने भाग जाती है,
और मुझे तुम देती हो
चार चार इडली,
मेरी पूरी लंच ब्रेक खाने में ही
खत्म हो जाती है।

नए नोटबुक पर लिखने का
उत्साह होता है
और मंडे से ही

School ka daur

Ab ghar mein saamaan
kuch kum phailta hai
Ab ghar mein aksar
sannata sa rehta hai.

Subah subah, thaki aankhen kehti hain
panch minute aur sona hai
Shyaam dhale, daudte daudte pair ruk jaatein hain
magar mann kehta hai
doston ke saath kuch der aur rehna hai.

Ab roz dopeher naye kisse
sunayee detein hain
Aaj class mein bohot shor hua
aur teacher ka sar dard zor hua
Rahul ne Meera par paani giraya,
Mohan ne lunch break mein sab ko
chutkula sunaya.

Ghar aate hi tiffin box ka inspection hota hai,
lunch mein agle din kitna aur kya dena hai
is par roz shyaam bhari negotiation hota hai.
Dia toh roz biscuit laati hai
jhat se khaake khelne bhaag jaati hai,
aur mujhe tum deti ho
char char idli,
meri poori lunch break khaane mein hi
khatam ho jaati hai.

वीकेंड का इंतज़ार होता है।

स्कूल जाते तो सिर्फ बच्चे ही हैं,
लेकिन स्कूल का दौर सब के लिए
यादगार होता है।

Naye notebook par likhne ka
utsaah hota hai
aur Monday se hi
weekend ka intezaar hota hai.

School jate toh sirf bachhe hi hain,
lekin school ka daur sab ke liye
yaadgaar hota hai.

तुम्हारे साथ रहके समझा

तुम्हारे साथ रहके समझा
की ज़िन्दगी के छोटे छोटे लम्हों का
मज़ा तुम कैसे लेती हो।

कोई त्यौहार का इंतज़ार नहीं करती
अपने मन के उत्साह से
हर दिन को एक उत्सव बना देती हो।

हर जगह तुम्हारी नज़र
कुछ खास ढूंढती रहती है।
मिटटी के ढेर में
चमकीले मोती खोज लेती हो।
हवा में उड़ते पत्तों की मौज में
तुम भी साथ साथ झूम लेती हो

हर पल दिल में
मस्ती की ख़्वाइश लिए
आज़ाद परिंदों की तरह
तुम्हारी सोच उड़के आसमान तक पहुँच जाती है।
सुबह होते ही, तुम सूरज से रोशनी, छीन लेती हो।

कभी थकति ही नहीं
नींद में भी नए ख़्वाब बुनती रहती हो।
मजाल है, कोई दिन की, जो साधारण सा गुज़रे,
रोज़ कोई न कोई बहाने से एक नए जश्न का ऐलान कर
देती हो।

Tumhare saath rehke samajha

Tumhare saath rehke samjha
ki zindagi ke chote chote lamhon ka
mazaa tum kaise leti ho.

Koi tyohaar ka intezaar nahin karti
apne mann ke utsaah se
har din ko ek utsaav bana deti ho.

Har jagah tumhari nazar
kuch khaas dhoondhti rehti hai.
Mitti ke dher mein
chamkila moti khoj leti ho.
Hawa mein udte patton ki mauj mein
tum bhi saath saath jhoom leti ho.

Har pal dil mein
masti ki khwaish liye
azaad parindon ki tarah
tumhari soch udke aasmaan tak pohonch jaati hai.
Subah hote hi, tum suraj se roshni, cheen leti ho.

Kabhi thakti hi nahin
neend mein bhi naye khwaab bunti rehti ho.
Majaal hai, koi din ki, jo saadharan sa guzare,
Roz koi na koi bahane se ek naye jashn ka ailaan kar
deti ho.

कल रात की बारिश

कल रात जो बारिश हुई
मौसम के साथ साथ
बचपन की कुछ यादें
भी ताज़ा हो गयीं।

देर रात तक बारिश की
आवाज़ सुनते सुनते सो जाना,
सुबह होते ही खबर का आना
की आज स्कूल की छुट्टी होगी।

अखबार खोलकर देखना
बस, साइकिलें, रिक्शा
सारे पानी में तैर रहे हैं!
मन का ललचाना
काश! मैं भी इनके साथ तैर पाती
मम्मी का जोर से डांट लगाना,
भिगो नहीं, जुखाम हो जायेगा।

खिड़की से हथेली आगे करके
बारिश की बूँदें छूना।
पानी इकट्ठा करके
छपाकों की आवाज़ें सुनना।

कम्बल ओढ़के पूरा दिन
किताब पढ़ना
कहानियाँ पढ़ते पढ़ते,
सो जाना
और दिन का रात में खो जाना।

Kal raat ki baarish

Kal raat jo baarish hui
mausam ke saath saath
bachpan ki kuch yaadein
bhi taazaa ho gayin.

Der raat tak baarish ki
awaaz sunte sunte so jana,
subah hote hi khabar ka aana
ki aaj school ki chutti hogi.

Akhbaar kholkar dekhna
Bus, cyclein, rickshaw
saare paani mein tair rahein hain.
Mann ka lalchaana
Kaash! mai bhi inke saath tair paati
Mummy ka zor se daant lagana,
bheego nahin, zukaam ho jayega.

Khidki se hatheli aage karke
baarish ki boondein choona.
Paani ikkathah karke
chapakon ki awaazein sunana.

Kambal oodhke poora din kitaab padhna
Kahaniyaan padhte paadhte,
so jaana
Aur din ka raat mein kho jaana.

तुम किसी की नहीं सुनना

तुम किसी की नहीं सुनना
सिवाय अपने मन की।

तुम मिट्टी में खेलना
बारिश में भीगना
पूरा दिन कैल्विन एंड हॉब्स पढ़ना
फिर कैल्विन जैसी हरकतें करके
सब को परेशान करना।

तुम किसी से नहीं डरना
सिवाय अपने खौफ से
जो तुम्हे बेवजह
रोकने की कोशिश करेगा
शायद उसे यह नहीं पता
की तुम दिखती छोटी हो,
पर तुम्हारा हौंसला
तुम्हारे खौफ से बड़ा है।

तुम ज़ोर से चिल्लाना
कभी खुशी से,
कभी गुस्से से,
या फिर ऐसे ही।
तुम अपनी बुलंद आवाज़ को
कभी चुप नहीं करना।
एक पागल बवंडर की तरह
पूरा दिन दौड़ना

तुम उड़ना!
पंख न होते हुए भी,
तुम उड़ना ज़रूर
अपने खयालों के

Tum kisi ki nahin sunna

Tum kisi ki nahin sunna
siwai apne mann ki.

Tum mitti mein khlena
baarish mein bheegna
poora din Calvin and Hobbes padhna
phir Calvin jaisi harkatein karke
sab ko pareshaan karna.

Tum kisi se nahin darna
siwai apne khauf se
Jo tumhe bewajah
rokne ki koshsih karega
Shayad usse yeh nahin pata
ki tum dikhti choti ho,
par tumhara honsala
tumhare khauf se bada hai.

Tum zor se chillana
kabhi khushi se,
kabhi gusse se,
Yaan phir aise hi.
Tum apni buland awaaz ko
kabhi chup nahin karna.
Ek pagal bhanwandar ki tarah
poora din daudna

Tum udna!
pankh na hote hue bhi,
tum udna zaroor
Apne khayalon ke
udan khatole mein.

उड़न खटोले में।

तुम बड़ों की बात नहीं मानना
सिर्फ इसीलिए कि वह बड़े हैं
वह दुनिया अपनी नज़र से देखते हैं,
तुम अपनी नज़र से देखना
तुम अपनी दुनिया खुद बनाना
जैसी भी तुम चाहती हो।

तुम ख्वाब देखना,
वैसे ख्वाब जिनके बारे में
सुनके लोग हसें
फिर वोह ख्वाब तुम पूरे करना
और फिर तुम हंसना
और नए ख्वाब देखना।

तुम थक जाओ तो रुक जाना
थोड़ा आराम करना।
जब तक मन न करे
कुछ न करना।
रेस के बीचों बीच
खड़े हो कर
आस पास के नज़ारे देखने
चिड़ियों की चहक सुनना
फिर चीते की तरह दौड़के
लपककके अपने लक्ष्य तक पहुँच जाना।

तुम अपने बचपन की
हर ख्वाइश पूरी करना।

क्योंकि अधूरा ख्वाब
मायूस हो कर रुठ जाता हैं।
क्योंकि अपने आप को भूल कर
इंसान कुछ नहीं पाता है।
क्योंकि बचपन पूरी ज़िन्दगी में
सिर्फ एक बार आता है।

Tum badon ki baat nahin maanna
sirf isiliye ki woh bade hain
Woh duniya apni nazar se dekhtein hain,
tum apni nazar se dekhna
Tum apni duniya khud banana
Jaisi bhi tum chahti ho.

Tum khwaab dekhna,
waise khwaab jinke baare mein
sunke log hasein
Phir woh khwaab tum poore karna
aur phir tum hasna
Aur naye khwaab dekhna.

Tum thak jao to ruk jana
thoda aaram karna.
Jab tak mann na kare
kuch na karna.
Race ke beenchon beech
khade ho kar
aas paas ke nazaare dekhna
Chidiyon ki chehek sunana
Phir cheeteh ki tarah daudke
lapake apne laksh tak pohonch jana.

Tum apne bachpan ki
har khawish poori karna.

Kyonki adhoora khwaab
maayus ho kar rooth jata hai.
Kyonki apne aap ko bhool kar
insaan kuch nahin paata hai.
Kyonki bachpan poori zindagi mein
sirf ek baar aata hai.

पुराने दोस्त

पुराने दोस्त
जो हमें हम से थोड़ा ज़्यादा जानते हैं।

पुराने दोस्त
जो हमारी खामियों से वाकिफ होते हुई भी बुरा नहीं मानते
हैं।

पुराने दोस्त
गुज़रे हुए कल को, आज तक कितनी आसानी से खींच
लाते हैं।

पुराने दोस्त
कभी कभी अपनों से भी ज़्यादा अपने नज़र आते हैं।

पुराने दोस्त
ज़िन्दगी कितनी ही मसरूफ न हो जाये, अपनी जगह बना
देते हैं।

पुराने दोस्त
बचपन की यादें, सहेज के अपने पास छुपा लेते हैं।

पुराने दोस्त
जिनसे बातें कभी पूरी ही नहीं होती।

पुराने दोस्त
भले कितने ही दूर चले जाएं, इनसे दूरी नहीं होती।

पुराने दोस्त
यह न होते तो ज़िन्दगी अधूरी ही होती।

Purane dost

Purane dost
jo humein hum se thoda zyada jaantein hain.

Purane dost
jo humari khaamiyon se waakif hote hui bhi
bura nahin maantein hain.

Purane dost
guzare hue kal ko, aaj tak kitni aasani ke
kheench latein hain.

Purane dost
kabhi kabhi apno se bhi zyada apne se nazar
aatein hain.

Purane dost
zindagi kitni hi masroof na ho jaye, apni jagah
bana detein hain.

Purane dost
Bachpan ki yaadein, sahej ke apne paas chupa
letein hain.

Purane dost
Jinse baatein kabhi poori hi nahin hoti.

Purane dost
Bhale kitne hi door chale jayein, inse doori nahin
hoti.

Purane dost
Yeh na hote toh zindagi adhoori hi hoti.

फिर क्या होगा?

बाबा यह क्या कर रहे हो?
ज़मीन में बीज डाल रहा हूँ।
फिर क्या होगा?
फिर छोटा सा पौधा निकलेगा।
और फिर क्या होगा?
फिर पौधा पेड़ बन जायेगा।
फिर क्या होगा?
फिर पेड़ पे पंछी आएंगे।
फिर क्या होगा?
फिर पंछी अपना घोंसला बनाएंगे।
फिर क्या होगा?
फिर घोंसले में पंछी के बच्चे होंगे।
फिर क्या होगा?
फिर पंछी के बच्चे चहक चहक करेंगे।
फिर क्या होगा?
फिर तुम उनके साथ पूरा दिन बातें करना।
फिर क्या होगा?
फिर वह बड़े हो जायेंगे और उड़ जायेंगे।
फिर क्या होगा?
फिर चिड़िया का घर खाली हो जायेगा।
फिर क्या होगा?
फिर कुछ नया होगा और होता रहेगा।
बाबा मैं बताऊँ फिर क्या होगा?
बताओ...
फिर मैं भी बड़ी हो जाऊंगी और फिर मैं भी आप की तरह
घर में, पंछियों के घर बनाऊँगी

Phir kya hoga?

Baba yeh kya kar rahe ho?
Zameen mein beej daal raha hoon.
Phir kya hoga?
Phir chota sa paudha niklega.
Aur phir kya hoga?
Phir paudha ped ban jayega.
Phir kya hoga?
Phir ped pe panchi aayenge.
Phir kya hoga?
Phir panchi apna ghar banayenge.
Phir kya hoga?
Phir ghar mein panchi ke bachhe honge.
Phir kya hoga?
Phir panchi ke bachhe chehek chehek kareinge.
Phir kya hoga?
Phir tum unke saath poora din batein karna.
Phir kya hoga?
Phir woh bade hojayenge aur udd jayenge.
Phir kya hoga?
Phir chidiya ka ghar khali ho jayega.
Phir kya hoga?
Phir kuch naya hoga aur hota rahega.
Baba main bataoon phir kya hoga ?
Batao...
Phir main bhi badi ho jaoongi
aur
phir main bhi aap ki tarah
ghar mein, panchiyon ke ghar banaoongi.

बचपन का रंग
कुछ बदल सा गया है

बचपन का रंग
कुछ बदल सा गया है।
जैक एंड जिल अब हिल पर नहीं चढ़ते।
समय काटता है उनका अब
यूट्यूब और टीवी के साथ
दोस्तों का संग
कुछ बदल सा गया है
बचपन का रंग
कुछ बदल सा गया है।

पूरा दिन स्कूल में
ही गुज़र जाता है
जो समय बचता है वह
ट्यूशन और क्लास में निकल जाता है
अपनी संगत लगने लगी है
कुछ अजनबी सी
आराम से बैठने को कहा जाये
तो लगती है बेचैनी सी

अब न खाली दोपहर
से मुलाकात होती
न लापरवाह शाम से
बात होती है
और न रात में हम
ट्विंकल ट्विंकल लिटिल स्टार
देखा करते हैं।
अपना ही वक़्त हाथ से
फिसल सा गया है
बचपन का रंग
कुछ बदल सा गया है।

Bachpan ka rang kuch badal sa gaya hai

Bachpan ka rang
kuch badal sa gaya hai.
Jack and Jill ab hill par nahin chadhte.
Samay katata hai unka ab
Youtube aur TV ke saath
Doston ka sang
kuch badal sa gaya hai
bachpan ka rang
kuch badal sa gaya hai.

Poora din school mein
hi guzar jaata hai
jo samay bachta hai woh
tuition aur extra class mein nikal jata hai
apni sangad lagne lagi hai
kuch ajnabee si
aaram se baithne ko kaha jaye
to lagti hai bechaini si
ab na khali dopeher
se mulaqaat hoti
na laparwah shaam se
baat hoti hai
aur na raat mein hum
twinkle twinkle little star
dekha kartein hain.

Apna hi waqt haath se
phisal sa gaya hai
Bachpan ka rang
kuch badal sa gaya hai.

अपने मन की बात
सुनायी नहीं देती आज कल
जल्दी खाओ, जल्दी करो
जल्दी लिखो, जल्दी पढो
यही बातें बस
गूंजती रहतीं हर पल।
हर वक़्त कुछ
करके दिखाना है
हम तालाब की साधारण
मछली नहीं हैं
जल के राजा रानी है
यह सबको जताना है
हमारी छोटी छोटी ख्वाहिशों
को पाने के लिए
दिल मचल सा गया है
बचपन का रंग
कुछ बदल सा गया है।

कभी कभी सुनते हैं
माँ-बाबा से उनके किस्से
वह पतंग उड़ाना
गुड़ियों के घर बनाना
शैतानी करके
आम के पेड़ पर छिप जाना
वह बगल वाली दुकान
से घर तक का रास्ता भूल जाना
वह साइकिल सीखते वक़्त
चौराहे पे कुत्ते को
देखके लड़खड़ाना
वह बेवजह हंसना
सर्दियों की धुप में संतरे खाना

यह मस्तियाँ और कुछ कारनामें
जो आज तक शायद
राज़ बनकर जी रहे हैं

Apne mann ki baat
sunayee nahin deti aaj kal
jaldi khao, jaldi karo
jadli likho, jaldi padho
yehi batein bas
goonjti rehteen hain har pal.
Har waqt kuch
karke dikhana hai.
Hum taalaab ki sadhaaran
muchali nahin hain,
jal ke raaja raani hai
yeh sabko jataana hai
Humari choti choti khwaishon
ko paane ke liye
dil machal sa gaya hai
Bachpan ka rang
kuch badal sa gaya hai.

Kabhi kabhi sunte hain
ma-baba se unke kisse
woh patang udana
gudiyon ke ghar banana
shaitani karke
aam ke ped par chup jana
woh bagal wali dukaan
se ghar tak ka raasta bhool jana
woh cycle seekhte waqt
chowrahe pe kutte ko
dekhke ladkhadana
woh bewajah hasna
saridyon ki dhoop mein santare khaana

Yeh mastiyaan aur kuch karnaamein
jo aaj tak shayad
raaz banke jee rahein hain
humein shayaad in sab ka
anubhav hi na ho
hum toh sab ki nighrani
mein bade ho rahein hain

हमें शायद इन सब का
अनुभव ही न हो
हम तो सब की निगरानी
में बड़े हो रहे हैं

माँ-बाबा कहते हैं
हमारे बचपन की तरह
तुम भी अपना बचपन ऐसे जीके देखो
पर कैसे?
कैसे करें वह बीती बातों को
फिर से ज़िंदा
जब जीने का ढंग ही
कुछ बदल सा गया है
बचपन का रंग
कुछ बदल सा गया है

Ma-baba kehte hain
humare bachpan ki tarah
tum bhi apna bachpan aise jeeke
dekho.
Par kaise?
Kaise karein woh beeti baaton ko
phir se zinda?

Jab jeene ka dhang hi
kuch badal sa gaya hai
Bachpan ka rang
Kuch badal sa gaya hai

पेपर बोट

बस इतनी सी उमर होती है
एक कागज़ के कश्ती की,
एक बचपन से...
दूसरे बचपन तक की।

Paper boat

Bas itni si umr hoti hai
ek kaagas ke kashti ki,
ek bachpan se...
doosre bachpan tak ki.

बेड़ियाँ

जो रोकती है बेड़ियाँ
महज़ है वह परछाइयाँ
तुम उन्हें निकालने की कोशिश मत करना
यह परछाइयाँ तुम कभी नहीं पकड़ पाओगी
बस तेज़ धूप ढलने का इंतज़ार करो
ठण्डी शाम जब आएगी,
तब यह बेड़ियाँ खुद-बा-खुद
गायब हो जाएँगी।

Bediyaan

Joh rokti hai bediyaan
mehaz hai woh parchahiyaan
Tum unhe nikaalne ki koshish mat karna
Yeh parchaiyaan tum kabhi nahin pakad paogi
Bas tez dhoop dhalne ka intezaar karo
Thandi shyaam jab aayegi,
tab yeh bediyaan khud-ba-khud
gaayab ho jayengi.

तुम्हारी कविता का अंश

जब मेरी बेटी ने मुझसे उसके बारे में एक
कविता लिखने को कहा

मम्मा मेरे लिए एक हिंदी कविता लिखो
जो मुझे फिर पढ़के सुनाओ
जिसे सुनकर मैं खुश हो जाऊं
और फिर याद करके मुस्कुराऊँ
तुम्हारी नज़र से खुद को देख पाऊं
और अपनी खूबियों से वाकिफ हो जाऊं
और फिर मैं भी कविता लिखना सीख जाऊं।

Tumhari kavita ka ek ansh

When my daughter asked me to write a poem about her

Mumma mere liye ek hindi kavita likho
jo mujhe phir padhke sunao
Jise sunkar main khush ho jaon
Aur phir yaad karke muskuraoon
Tumhari nazar se khud ko dekh paoon
Aur apni khoobiyon se waakif ho jaaoon
Aur phir main bhi kavita likhna seekh jaoon.

Section 2

*English poems
written by
Reshma
Bachwani*

Different worlds

Yours is a world of limitations
Mine, where possibilities thrive
You talk of reasons
Within me, dreams stay alive
You create boundaries
I create rainbows and doves
You speak reality
I speak love
You are the past –
old and jaded
I am the future
Fresh as morning dew
You sap out the spirit from life
And then I am born to help it renew.

Summer holidays

This is what kids wait for all year
round... summer holidays – when for
the rest of us life turns upside down!

Keep the laptops away
Go out, get some sun
Run...play
build some mud castles
for its goodbye Zoom classes
for now and hopefully forever

Lemonades, backyard meetings,
long afternoons with books.
Pull out those board games
that have been stashed away in nooks.

The most glorious part of childhood is here.
Oh, the summer holidays are near!

Lemonade

There was once a little girl
and a dream she made
one summer afternoon
would be spent
making lots of lemonade.

Then summer came
and excitedly she went about
making a poster, setting a date
preparing for the big day
without a doubt.

She gathered up the ingredients
sugar and lemons
salt and spice.
Everything felt so perfect;
together it all tasted nice.

Slowly people gathered
Some had a glass, some two.
All day she made lemonade
and soon there was a queue.

She made a hundred glasses
and called it a day.

And though it was not easy
she made it look so breezy
coz it's supposed to be
Easy peasy lemon squeezy
And that's what they say!

First times

The first times are always special,
the first time they walk,
the first time they talk,
the first tooth that fell,
the first magic spell,
the first night in their own bed,
the first time they stood on their head.

The first birthday celebration
The first full conversation
The first days of reading
And the first episode of bicycle speeding.

The taste of the first cupcake
For the first time a dupatta as a saree
draped
And the first stayover that is yet to come
Besides movie dates with chums

But for now, what makes a good memory
is
the day to wake up early and dress up
smart
for the first day that school restarts.

Cupcakes

What is it about cupcakes that
little children like?
Perhaps the size is just right
for small fingers to hold
and tiny teeth to bite.

Or maybe the colourful liners
they come all wrapped in.
My little one has a special word for it;
she calls it 'prins'.

It could be the hundred ways
in which they can be dressed.
Choco chips, rainbow sprinkles,
cream swirls and sauces drizzled;
the rest you can guess.

Or maybe it's the perfect thing
to bake with a friend
on a rainy afternoon.
When the weather is freezing
the warmth and the sweet aroma
From the oven, oh so pleasing!
And then the excitement of seeing it
rise up like a hot air balloon.

Raincoat

This morning I smelt something
that smelt like a raincoat
I was reminded of the
distinct smell of a plastic sheet
stuffed in the school bag, folded so neat.

I remember the wet rainy mornings
that feeling of gloom
when the sight of a raincoat
with its bright coloured prints and
oversized buttons
would cheer up my mood.

And make me forget the blues
as I set out for school.
The strange square hat that
became a triangle once worn
At once I felt like a gleeful gnome.

If that was not enough
there was more comic relief
that came by way of a gumboot
which looked and sounded so strange
and beyond belief!

With that, I was all geared up
to go out and have fun.
I would wade through the
water-filled streets
and hear the squeaks
of my own two feet.
With the flowing water,
I would try to run
and once I reached school.
I would tilt my gumboot
to see the waterfall
hiding inside its walls.

That distinct smell of wet plastic
unusual and musty
took a lot of getting used to;
but it kept me safe from the rain
and the wind that was gusty.
Over time, I realised
it is my only ticket to be outside
and enjoy the rains to the hilt –
without fear or guilt.

And now after so many years
thanks to that smell
I am reminded of my childhood
in these memories, it dwells.

An evening walk

We spend an evening
gathering yellow bell flowers.
The gentle summer breeze
kisses their cheeks and ours.
I watch you watching the ones
that fall from the tree,
then run excitedly to pick them,
and collect the bounty in your basket;
your small joys fill up my life.

" Poets are not born in a country. Poets are born in childhood."

Ilya Kaminsky

From "A Soul's Noise,"
Western Humanities Review

Section 3

*poems written
by
Anaahat
Paritosh*

About
Anaahat Paritosh

What I like about poems is how they make me feel - if what is written in the poem is familiar or due to the feelings that the poem creates. Witty cheeky poems make me laugh. The English language has only so many words but the way a person uses it in poetry can be so different.

While writing a poem, I find that when I build a relationship with a poem then my thoughts flow out very easily.

I enjoy playing with words while writing poetry.

Like cozy nook can become nosey crook if we just interchange the syllables

While writing a poem, I see the same situation as everyone else but see it very differently.

The swimming pool becomes a large cup of water,
The flowers floating in it seem like paper boats
Ants seem like tiny people in a giant world
They feel like one amongst the herd
The herd feels like a big fat bull
Which can be overcome by even a tiny ant
If the ant uses its brain

I love creative writing - poems, stories and even imaginary newspaper articles. On my school sports day when I saw others win trophies, I also wanted to win a big trophy. My mother explained to me that a trophy is a recognition for something someone is exceptionally good at. I secretly wished there was a trophy for things I am good at too - art, language etc. Now I have won not one but two trophies for my creative writing at the national level - the RobinAge Bright Sparks Award in 2021 and 2022

I hope you enjoy reading the poems I have written.

आजकल बच्चों का भारतीय भाषाओं से संपर्क टूट रहा है। शहरों में, अब कोई भी अपनी मातृभाषा नहीं बोलता जब तक कि घर में कोई दादा-दादी न हो जो अंग्रेजी नहीं बोल सकते। मैं अपनी बेटी को हिंदी से जोडे रखना चाहती हूँ। और इसलिए मैंने कविता का मार्ग चुना। कविताएँ मज़ेदार और चंचल होती हैं। और साथ ही वे गद्य की तुलना में आसान होती हैं और इसलिए एक शुरुआत करने वाले के लिए उत्साहजनक अनुभव होता है। मैं अक्सर उसे हिंदी कविताएँ पढ़कर सुनाती हूं और उसे हिंदी में सोचने के लिए प्रोत्साहित करती हूं। और जो भी उसे पसंद हो उस पर अपनी एक छोटी कविता बनाने के लिए कहती हूं। ये बेटी की लिखी पहली हिंदी कविता है।

बैडमिंटन

मेरा दोस्त और मैं
साथ में मिलके रोज़ श्याम
बैडमिंटन खेलते हैं
शटल पेड़ में फँस जाती है
फिर हम दोनों मिलकर
उफ़! उफ़! करतें हैं
बाबा यह सब सुनके
नीचे आते हैं,
मेरा क्रिकेट बॉल भी लाते हैं
फिर बाबा पेड़ पे बॉल फेंककर
शटल नीचे गिराते हैं
और हमको देते हैं
देकर कहते हैं,
मैं एक और बार यह नहीं करूंगा,
फिर से शटल फँस गयी तो
तुम पेड़ पे चढ़ जाना
और शटल नीचे गिराके
तुम भी नीचे गिर जाना
मेरा दोस्त और मैं
पूरी श्याम वही सोच के
ही ही ही ही करते हैं

Badminton

Mera dost aur main
saath mein milke roz shyaam
badminton khelte hain
Shuttle ped mein phas jaati hai
phir hum dono milkar
Uff! Uff! kartein hain
Baba yeh sab sunke
neeche aatein hain,
mera cricket ball bhi latein hain
Phir baba ped pe ball phainkar
shuttle neeche giratein hain
aur humko detein hain
Dekar kehtein hain,
main ek aur baar yeh nahin karoonga,
phir se shuttle phas gayee toh
tum ped pe chad jana
Aur shuttle neeche girake
Tum bhi neeche gir jana
Mera dost aur main
poori shaam wohi sochkar
Hee hee hee hee kartein hain

Haiku
light verse

An unrhymed Japanese 3-line poem traditionally evoking images of the natural world. A haiku expresses much and suggests more in the fewest possible words. It traditionally contains only 17 syllables though we have not in the following haikus followed that norm.

The famous Indian poet Gulzar experimented with and created a unique-to-his-style 3-line poem format called 'Triveni' in which the third line adds an unexpected dimension to the first two.

For me, a Haiku felt like a 'baby poem' and a perfect way to introduce the idea of poetry to my child at around 6 years. We read some funny ones specifically written for children which inspired Anaahat to write some of her own. A baby step into the world of poetry.

Anaahat's 3-line poems combine the elements of Japanese nature-themed poems and Gulzar's 'Triveni' with a twist in its last line.

Puppy

Little puppy
left a crumb
for me to eat.

Baking

We are baking
for old dame Clovia
who is toothless.

Dog

There was a dog
who stole a prize
he wants more.

Biscuit

Biscuit! Biscuit!
Oh! Don't run away,
I eat you.

Squirrel

Naughty squirrel
Clumsy squirrel
You are the best!

Cat

Lazy cat
Furry cat
Charged across and killed a rat.

City side

The city side is where people live
and where children play.
The city side is where houses are built
and where markets stand.
The city side is a house of humans
and where children learn.

Where the garbage is dumped
there the children skate
where the babies cry
wan wan wan wan wan
and some beauty stands.

The world without symmetry

If there was no symmetry
the world would be full of random
squiggles
full of creatures with 2 noses, 5 eyes and
3 horns.
Does that make you giggle?

If there was no symmetry,
I would be standing funny
Symmetry then brings to the world
balance, beauty, and harmony.

Shadow

INSPIRED BY A CHANGE

A little girl walked all alone
in a place unfamiliar and unknown
looking for her true self
feeling that the world she belonged to
would melt.

She tried to keep connection
but nobody accepted her really
the way she was
but that's not the end yet!

So she made a friend in life
 a one that would support her
all day all night.

Her shadow

Yes!
Her shadow helped her feel
that she was not alone.
it followed her
through every hurdle and every pain
every emotion and every gain.

The little girl finally felt
belonged and that
she was never alone.

"You will always have an inner voice
and your guidance system which will
always be by your side."
- Anaahat Paritosh

My thoughts

When my head starts to buzz
I yell, shout, and make a fuss.

I start to stomp around on the ground
and throw cushions and pillows in a mound.

When I am angry, I don't know what to do.
I shout – hey you!

But now I am calm
and I am causing no harm.

My thoughts are happy, gay, and bright
They dance and feel so right.

Brain for sale

Feeling dull, lost a brain
or are you suddenly feeling insane?
Don't be afraid to call.
We have a couple of extra brains at your
service.
One is smart and one is small
and there is one that knows it all.

What is so special about my brain
You might ask?
Give it a test.
Give it a task.
The response in every case
is very fast.

My brain might not be very attractive
looking
but it works very quick.
And could help you get an 'A' in math
So, call me for a booking!

The mix of six

The number 6 was in a fix.
In came 12, ready to help
and sort out the mix.

Cousin 18, though just a teen,
had heard about six being in a fix
and along with 24, knocked on the door.

30 and 36, unaware of the fix
were running in the garden,
picking up sticks.

42 was feeling blue
because his cow named moo
was playing with glue.

48 did not have a mate
and was late for his date
since he could not open the gate.

54 was bored of chores
of mopping the floor
and wished he could sleep
and snore some more.

60 was thirsty and wanted some tea
to keep him warm
on a day cold and misty.

The sad family of 6 was quite in a mix
and ended up spending the day
trying to eat brownie mix with chopsticks.

School

School is a house of learning
sometimes at school, I am sad and
yearning.
At times punishments feel like earnings.
And now here comes a turning.

At break, we play and run.
We dash around and have some fun
and above us is the golden sun.
Sometimes the tiffin has a treat – yay, a
bun!

At times it gets rainy
and then we get all brainy
and try to convince our teachers
about our plans which are usually quite
insane.

Soon it's time to go home
if parents are late, we play and roam
when our teachers find us alone
they say – oh, you are still here
You'd better go home.

Balcony

Looking through the balcony
there is so much to see
butterflies and bees humming
people walking by the trees.

Different kinds of clouds,
birds flying and chirping
I wish I could join them
Oh, look! There's a cat lurking!

Looking through the balcony
there is so much to see.

Cats

These furry little creatures
As cute as they look,
can act a little naughty
and hide away in nooks!

These funny little creatures
from the family of felines,
can even scratch or bite
but one thing they're scared of,
are the canines.

These furry little creatures
 look like balls of wool,
Grey, black, brown or white
Give it a rat and watch it grow full.

Books

Reading books
Ah! Such a joy!
Stories – fun and mischief
Adventure, fantasy, and illusion
So much to enjoy!

Going through the words
I travel to a world completely new.
Reading is my favourite
It is the first best thing to do.

Nature

Where the sun rises
Where the birds chirp
Where the trees grow
is nature.

Where the flowers bloom
Where the water flows
Where the clouds move
is nature.

Where some eggs hatch on trees
And the birds fly in the sky
Where the animals live
is nature.

Where the grass grows
Where the plants shimmer
Where the sun shines
is nature.

Where the cows graze
And spend their lives
And where it rains
is nature.

Friends

Friends are so much fun!
There is noise
when there is more than one.

Together we have some
funny times.
Make faces at each other
tell jokes, laugh out loud,
and play with slime.

We are in and out of the house
shouting across backyards;
peaking down from the terrace
up and down;
scurrying like a mouse.

Parents

Parents are serious and strict
No no no no no
they care about our safety
and chase us with a NO!
Slam their hand on their head
and yell what did you do?

But they can also be
kind and loving –
the type I would give
my sweets and candies to.

Bus

A bus can be a very special place
it is a unique kind of space.

It feels like my own wonderland
a 'dash' where my imagination expands.

Where unicorns turn real
and monsters chase apples on legs
chickens eat themselves
and the little gingerbread man
plays with choc-co-late.

Where little girls learn how to fly
and in the shadowy nights
come the ninjas to spy.

Where I get hugged and licked by
a sweet furry dog.
A bus
It is like my own, createmore.org

Force

If there was no force
there would be
no gravity, no friction, no wind
and the laws of motion
Newton would never find

Plants would stay as stiff as iron.
The Earth would stop orbiting around
the sun
and I would freeze too
and not able to run.

Everything will turn into ice
unable to move.
That wouldn't feel very nice.

Force brings to our life
joy, freedom and movement
and now thanks to 'force'
Newton has proved to be wise.

My dear baby earth

A slow death
our earth will die
but let us act and
not just cry.

Let us tell us
he and she and me
to stop cutting
our dear green trees.

Let us, let the birds fly
Fly oh fly! Free in the sky.
Let us, let the fish live
In clear waters, we can give,

Let us stop emitting
greenhouse gases
That create many a hole
in ozone spaces.

Now the planet is becoming hot
it creates in my stomach a big knot.

Let's care for the earth
the blue and green dome
and save for ourselves
what we have as our home.

The food factory

A little bee
sits on a leaf, on a tree
It says,
"I have reached
A food factory."

In comes the water
more when it is hotter
up the petiole –
a node connected to a hole
and goes through the veins
even when it rains.

The food factory is where the
hydrogen and oxygen
get separated.
Then we have a lovely marriage
when the carbon and hydrogen
are mated.
These are the ingredients
for the food to get created.

The sunlight adds
a little fuel to the fire
The cooking happens all-day
And the leaf chefs never tire.

The cake factory

There were cakes of all colours
purple yellow red and green.
When the piping bag broke
and the chocolate spilt,
I thought he was going to scream.
But all he did was stay calm
and start to clean.

In a small workspace,
so much they created.
Roses on the sides of some
and some had chocolate grated.
The cakes were all so well decorated.

Fondant cutters,
Fluffy white whipping butter
which stood still when poured.
In a freezer, it all had to be stored.

I can't forget the
cans full of fruit crushes n glaze.
The large rolling pin, stacks of cake trays
When I saw him carry 3 cakes at a time.
I was so amused and afraid.

The one Sunday morning I spent at the
cake factory
will always remain a sweet memory.

Sunshine

The sun is shining bright
The moon is out of sight
The gloom is out of sight

The sun is shining bright
Being active feels so right
Playing outside feels so nice

The sun is shining bright
On leaves – a golden sight!
My heart feels like a kite!

The melting moon

The melting moon
Oh so bright!
Oh, what a glowing sight!
In the dark of the night

Winter is here and summer too;
the weather confuses me and you.

Cold nights and early mornings;
during the day sun is burning.

The moon is like an ice cream scoop;
the yellowish orange like an apricot hoop.

Terrace views

White bunches of cotton in the sky,
What a happy sight, watching birds fly!

Over the green, flowers thrive
Making a pyramid, neatly stacked tiles.

Gigantic bottles* on terraces
that freshen up the water.
Fun things fall from the African tulip
tree –
water beads when stamped on, they
splatter.

Hidden in one of the houses, I can't see
a Christmas star that shines in my
memory.

(*water softeners that have become very
much a part of our life and a common sight.)

Home

We take our homes for granted. There are so many children in Manipur who have lost this safe space. What would it feel like to a child who does not have access to a home?

Home is the feeling of comfort when you are tired
It's like how hobbits love their shire

In my home, I feel I always have something to do
When I am bored I dig up things that are new

If you visit, you'll find a book in every nook
With powers to transport you into different worlds
worlds of unicorns, wizards and crooks

Home is my safe space
Being there feels like a warm embrace

Home is where I create
Forts made of cushions and imaginary mates

Memories of home make me chuckle
Once I dropped an egg that becomes a puddle
And boy! Did I get into trouble?

I'm so used it, a little change makes me upset
But Home is also the zone where I reset

I can't imagine a life without 'home'
It is where I feel relief, it is where I belong
Because it is my home.

MERI

" *Poetry doesn't have to rhyme, it just has to touch someone where your hands couldn't.*"

Rudy Akbarian
Via
ohteenscanrelate